4468.

SCAPHANDRE APPAREIL DE PLONGEUR

CABIROL

BRÉVETÉ

AYANT OBTENU PLUSIEURS MÉDAILLES D'ARGENT DONT UNE DE 1ᵉʳ CLASSE À L'EXPOSITION UNIVERSELLE DE 1855.

FOURNISSEUR DE LA MARINE IMPÉRIALE

Rue Montmartre, 165.

PARIS.

SCAPHANDRE

APPAREIL DE PLONGEUR CABIROL

INTRODUCTION.

Du moment où l'inventeur conçoit l'idée, arrête le plan d'un appareil ou d'un engin nouveau, jusqu'au jour où il voit son invention non seulement adoptée en principe, mais encore devenue un instrument d'un usage universel, son œuvre est soumise à une série d'épreuves diverses, toutes périlleuses, que les conceptions véritablement rationnelles et utiles traversent seules victorieusement. Quelques-uns sont arrêtés dès le premier pas. Leurs plans, irréprochables en apparence et peut-être en réalité, au point de vue des calculs spéculatifs, ne s'en refusent pas moins à toute application, même dans les proportions de l'échelle la plus réduite ; d'autres, plus nombreux, construisent des modèles qui fonctionnent avec une régularité parfaite, quelquefois merveilleuse, et, néanmoins, quand d'après ces modèles on a exécuté l'appareil dans ses proportions normales, le résultat déjoue toutes les espérances : ce qui était en petit un travail admirable, n'est plus en grand qu'une masse informe et sans vie possible. Les hommes spéciaux savent, par expérience, si de tels cas, pour sembler inadmissibles, en sont moins fréquents.

Chose plus triste ! on voit des inventeurs dont les engins rendus au dernier terme de leur exécution ont fonctionné sous les yeux des jurys les plus compétents et les plus scrupuleux, dans des conditions d'une difficulté accrue à plaisir ; ont fonctionné, dis-je, avec un plein succès ; ont donné lieu, par suite, aux rapports officiels les plus favorables ; ont enfin été adoptés d'une voix unanime par des administrations publiques ou privées, et qui, cependant, restent en dépôt dans les magasins, oisives curiosités, dont l'œil du visiteur admire les ingénieuses combinaisons, et dont, au contraire, les hommes qui devraient s'en servir, affirment qu'elles sont des aberrations d'une science, fort belle en spéculation sans doute, mais stérile en pratique. D'où viennent ces contradictions entre l'arrêt des commissions et la répulsion de l'ouvrier? D'une cause bien simple. Je l'ai constatée mille fois dans ma longue existence d'inventeur et d'industriel : elle a des effets désastreux ; appeler sur elle l'attention, c'est, je crois, rendre un vrai service.

Un appareil qui constitue réellement une invention est nécessairement un appareil jusqu'alors tout à fait inconnu. Or, d'un instrument inconnu, personne ne sait s'en servir. Cependant, la force des choses oblige à chaque instant ceux qui font l'acquisition d'un tel instrument à le mettre entre les mains de gens qui n'en ont jamais entendu parler, qui manquent de l'instruction théorique voulue pour le comprendre à première vue ; qui, attachés par la routine à leur vieux matériel, nourrissent contre ce qui n'est pas lui, des préventions, des antipathies enrêtées, qui, par conséquent, avec la meilleure volonté du monde, auraient de la peine à se faire la main à l'emploi de leur nouvel auxiliaire, et à plus forte raison s'ils agissent sous l'empire d'un parti pris hostile, ne manquent pas de démontrer que ledit auxiliaire, loin de mériter le nom de perfectionnement, est une élucubration barbare, monstrueuse. Nous ne craignons pas que les ingénieurs accusent ce langage d'exagération.

Qu'arriverait-il si, tout à coup, un des plus grands marins de l'époque des Tourville et des Duquesne, après avoir comme Épiménide, dormi depuis deux siècles, s'éveillait au milieu d'un état-major et d'un équipage de son temps sur le pont d'un vaisseau à vapeur de nos jours, la *Bretagne* ou le *Napoléon?* Qui allumerait les feux? qui dirigerait les mouvements de la machine? qui serait assez osé pour se mettre à la barre remplacée par une roue? L'artillerie moderne trouverait-elle des servants dans les rangs de cet équipage d'autrefois? Des pointeurs devinant le but et l'usage de notre système de hausse? Des chefs de pièces qui sauraient que la mèche n'est plus nécessaire pour mettre le feu au canon? Assurément non. Ce n'est pas faire injure au génie incontestable de cette génération de marins admirables, de supposer que depuis l'amiral jusqu'au dernier mousse, chacun resterait ébahi, confondu devant ces constructions, cet ensemble et ce détail d'un matériel incompréhensible. Ils maudiraient le sort qui aurait substitué aux antiques instruments de leurs belles navigations, de leurs héroïques combats, des engins diaboliques ne pouvant rendre aucun service. Nous savons qu'ils auraient tort. Il n'en est pas moins constant que sur nos bâtiments si véritablement perfectionnés, ils ne viendraient à bout ni de filer un nœud en bonne route, ni de prêter le travers à l'ennemi.

À quoi nous mène cette supposition? A conclure que la supériorité d'une invention ne gît pas toute entière dans l'invention elle-même, et qu'elle peut rester parfaitement nulle malgré tout le mérite intrinsèque de l'œuvre, si l'éducation de ceux qui doivent s'en servir n'est pas en même temps portée à une hauteur suffisante. Un inventeur est, avec son œuvre, devant un jury d'examen. D'une part, ses juges sont sévères, mais éclairés; d'un autre côté, il fait fonctionner de ses propres mains son invention, et il est secondé par des ouvriers, initiés de longue date au but, au mécanisme, à la marche de son appareil. Dans ces conditions, il obtient des résultats excellents. Cette épreuve, à coup sûr, est concluante : l'invention est bonne. Mais s'il croit sa tâche terminée, son triomphe assuré, il se trompe; il court à grands risques. Il lui reste encore à faire, par lui-même ou par ses mandataires, l'éducation de ceux à qui l'invention est destinée en dernier ressort; cela sera difficile et long. S'il le néglige, il perdra infailliblement tout le fruit de ses veilles et de ses sacrifices. Malheureusement, c'est là une vérité ignorée ou méconnue par bon nombre d'inventeurs. Eux les premiers, le progrès général ensuite, en souffrent plus qu'on ne pourrait dire.

Évidemment, toutes les inventions ne nécessitent pas au même degré ce travail d'initiation des ouvriers. Pour ne parler que des appareils destinés à la marine, ils se rangent en deux catégories très-distinctes. Les unes par leur simplicité, leur ressemblance ou leur affinité avec les appareils qu'ils veulent remplacer, méritent cette qualification, — qui équivaut à un grand éloge, — qu'ils sont *marins*. Les moins experts devinent tout de suite leurs avantages. Heureux les auteurs de telles inventions! Les autres, au contraire, sont toute une révolution dans une branche, si mince soit-elle, de l'art nautique. A les voir, on ne peut pas même deviner que leur place est sur un navire. D'espérer que de tels appareils ou engins, par le fait que, sur le rapport d'une commission d'ingénieurs ou d'officiers, ils auront été envoyés dans nos ports ou embarqués sur nos bâtiments, d'espérer, dis-je, que le matelot saura tout d'abord en tirer bon profit, ce serait une injuste et folle exigence. Donc leur inventeur doit au matelot lui-même lui faire une éducation. Il sait aussi des cas où il doit des explications et des conseils à l'officier, à l'ingénieur eux-mêmes.

Il y a deux moyens de s'acquitter de cette tâche : la première est de se transporter dans les ports et sur les rades, et de faire procéder sous ses yeux à des expériences aussi souvent renouvelées qu'il sera nécessaire; le second moyen consiste, quand de tels déplacements ne lui sont pas permis, à joindre aux appareils qu'il envoie, des instructions claires, catégoriques, raisonnées aux êtres longues, complètes sur tout, sur la manière de se servir de son invention, dans les différents cas où elle peut être appelée à rendre des services.

Entre ces deux moyens, je n'ai pas cru choisir; je les ai employés tous les deux, en les combinant dans de raisonnables proportions.

C'est à Paris que j'ai vendu mes premiers Scaphandres pour des travaux dans la Seine. Il m'était facile de présider à leurs essais; je n'y ai pas manqué tant que ma présence sur le lieu des opérations ne m'a pas semblé superflue, et je crois pouvoir ajouter que, grâce à cette précaution, non seulement mes Scaphandres sont préférés par les plongeurs de la Seine à tous les autres Scaphandres, mais encore à tous les appareils sous-marins de quelque nature et valeur qu'ils soient. Je puis ajouter encore que les hommes dressés par moi à descendre sous l'eau à l'aide de mon Scaphandre, ont à leur tour dressé des

élèves, dont le concours est grandement apprécié par les ingénieurs chargés, pour le compte du gouvernement ou des compagnies de chemin de fer, de constructions importantes dans les fleuves et rivières, dans un rayon considérable autour du département de la Seine. Il existe aujourd'hui à Paris et autour de Paris, tout un corps d'ouvriers plongeurs qui, dans les petites profondeurs, maniant le Scaphandre, — si je puis m'exprimer ainsi, — avec autant d'intelligence et de dextérité que les autres ouvriers manient leurs outils respectifs. Si le Scaphandre a en part à ce progrès, il en revient, à mon avis, une part beaucoup plus large au soin que j'ai pris de la vulgariser de l'éducation requise pour son emploi.

Plus tard, quand le Ministère de la Marine m'a fait des commandes pour nos ports militaires et les bâtiments de la flotte, j'ai demandé à me rendre de ma personne sur le lieu des livraisons, afin que mon appareil fonctionnât d'abord sous ma direction. Je me suis transporté successivement à Toulon, Cherbourg, Brest, Lorient et Rochefort. Que si j'osais me flatter que ma présence n'y a pas été complétement inutile aux ingénieurs, aux officiers, aux maîtres et aux plongeurs, il serait surtout juste de confesser que, de mon côté, j'ai tiré le plus grand fruit pour le perfectionnement de mes Scaphandres, des remarques, objections et conseils qui m'ont été prodigués partout avec autant d'autorité que de bienveillance. Je ne saurais oublier, par exemple, que c'est à Toulon que, par suite de moyens exceptionnels mis à ma disposition par l'autorité maritime, j'ai pu me livrer au large à des expériences sans précédents. Un condamné du bagne, plongeur intrépide et robuste, est descendu revêtu de mon appareil, à une profondeur de quarante mètres; il y a séjourné une demi-heure, et quand il est remonté, il ne se plaignait d'aucune fatigue. C'est là un résultat tellement supérieur à tous ceux obtenus jusqu'alors, que d'une part j'hésiterai à le mentionner s'il n'était consta té par un rapport officiel, et que, d'un autre côté, il eut été peut-être imprudent de risquer pour la première fois une telle tentative, si la présence de l'inventeur, en offrant toute garantie, n'avait encouragé le plongeur et les témoins.

Mais en même temps que je livrais des Scaphandres sur notre littoral, il m'en était demandé pour les pays étrangers. J'en expédiai notamment en Colombie, dans l'Amérique du Sud, pour le travail dans les mines aurifères; en Espagne, pour une destination analogue; sur les côtes de Syrie, pour la pêche des éponges; dans le Pacifique, pour la pêche des perles; en Russie, pour des travaux hydrauliques. Il est évident que je ne pouvais pas accompagner ces envois; c'est alors que j'ai dû rédiger des instructions.

Sachant aujourd'hui que ces instructions ont été d'aussi bons guides qu'il était permis de l'espérer, je prends le parti de les revoir, de les compléter et d'en accompagner le texte de six planches lithographiées qui contribueront beaucoup, je le crois, à la clarté de mes conseils et de mes démonstrations.

Telle est la cause, l'origine, le progrès successif du présent ouvrage. Il fera désormais partie intégrante, en quelque sorte, de mon système de Scaphandres. Ils n'ont plus l'un sans l'autre. Puissent-ils s'aider mutuellement : le livre en donnant l'intelligence de l'appareil, et l'appareil en conciliant au livre une indulgence dont a grand besoin un auteur comme moi, qui se mêle de tenir la plume, quand il n'a rien appris qu'autour d'un établi et parmi ses chaudières pleines de caoutchouc et de gutta-percha.)

CHAPITRE PREMIER

Des Appareils sous-marins en général; du Scaphandre en particulier et plus spécialement du Scaphandre-Cabirol.

Quand j'aurais les connaissances nécessaires pour tracer l'historique complet et raisonné des inventions ayant pour but un appareil sous-marin, ce ne serait pas ici le lieu de placer utilement une dissertation de cette sorte. Aussi bien me bornerai-je à rappeler que ces appareils se divisent en deux classes, d'après la différence de leur destination. Les premiers, exclusivement les machines de guerre, ont été fabriqués dans le dessein de surprendre l'ennemi par une marche invisible sous l'eau. Il y a plus de dix siècles, pour ne pas remonter jusqu'à l'antiquité, que des essais de ce genre ont été tentés, et la dernière guerre avec la Russie a donné occasion à plusieurs de se produire. De ces derniers, celui dont on a le plus parlé, ce me semble, est le *bateau-poisson*. Quoi que j'en pense, je n'en dirai ni bien ni mal. On ne l'a pas vu à l'œuvre, et c'est un sort qu'il partage avec tous ses devanciers de même famille. A la naissance de chacun d'eux, on a crié que le problème était résolu, ce qui n'empêche pas qu'il reste tout entier à résoudre, si tant est, bien entendu, qu'il ne soit pas insoluble. Espérons que, même dans cette voie, le génie triomphera de tous les obstacles.

Plus heureuses ont été les tentatives pour doter l'homme d'engins, à l'aide desquels il put se livrer sous l'eau à de plus paisibles travaux. De tels engins existent désormais et dans un état de perfection relative tout à fait satisfaisant. Je les divise en deux catégories ayant pour types : l'une la cloche, l'autre le Scaphandre.

A l'aide des premiers, on construit à l'action de l'eau ambiante un certain espace dans lequel tous ceux qui s'y trouvent renfermés peuvent vivre, se mouvoir, agir. A l'aide des seconds, c'est le travailleur lui-même qu'on isole, si bien que, tout en se maintenant sur un point déterminé, il porte partout avec lui son privilège de demeurer inaccessible à l'action meurtrière d'un milieu submergé. De là la supériorité pratique en général du Scaphandre sur la cloche. Celle-ci, en effet, sur quelque modèle qu'elle soit exécuté, a forcément avec des dimensions étroites un poids énorme : il faut, pour l'établir sur le lieu des opérations, des installations puissantes, et, pour le transporter, des efforts dispendieux souvent peu en proportion avec le résultat à obtenir. Le Scaphandre,

au contraire, est léger, peu coûteux, peu embarrassant. Grâce à lui, cent travailleurs, descendant à la fois au fond de la mer, y combinant facilement leurs efforts sur un même point; où, selon le besoin, opèrent isolément. L'avenir est donc au Scaphandre. C'est faute, à mon avis, de tenir compte de ces principes qu'on a préconisé, dans ces derniers temps, le *Bateau-Payerne*, comme l'auxiliaire désormais obligé des travaux sous-marins. Dans un certain nombre de cas fort restreint, à la bonne heure; mais, dans la pratique journalière, non.

Quoi qu'il en soit, Klingert, de Breslau, inventa, à la fin du siècle dernier, un appareil sous-marin qu'on doit regarder comme le point de départ de l'industrie du Scaphandre. «Il consistait en un fort cylindre de fer blanc qui recouvrait la tête et le » corps du plongeur, en lui laissant libres les jambes et les bras. Une jaquette à manches » et un caleçon de cuir épais défendaient la partie supérieure des membres. Une car- » casse en fort fil de laiton ou de fer empêchaient la jaquette et le caleçon, quand ils » étaient comprimés par l'eau, de se coller aux membres immédiatement... Enfin, trois » trous, garnis de verres, ménagés dans le cylindre, en face de la figure, laissaient » arriver un jour suffisant. Revêtu de cet appareil, le nommé Frédéric-Guillaume » Joachim, chasseur de profession, descendit dans l'Oder, le 23 juin 1797, devant un » grand concours de spectateurs, et, malgré la violence d'un courant formidable, il scia » un tronc d'arbre qui gisait au fond du fleuve.» (1).

On me dispensera volontiers d'entrer dans l'énumération des perfectionnements successifs qui, depuis soixante ans, ont fait de la naïve machine de Klingert le Scaphandre tel que nous le possédons aujourd'hui. Je constaterai seulement que si ces machines sont appelées scaphandre, c'est par une méprise inexplicable. En effet, Scaphandre n'est pas l'inventeur, ou je me trompe fort, que d'un appareil analogue, quant à son but, à la

(1) M. Georges de Kory, *le Travail universel*, revue complète des œuvres des arts et de l'industrie exposés à Paris en 1855. 1er groupe, classe II, cinquième section. — INSTRUMENTS DE PLONGE.

ceinture de sauvetage, c'est-à-dire destiné à maintenir à la surface de l'eau celui qui en est revêtu. Il est donc illogique qu'on ait donné son nom à un appareil dont le but est diamétralement opposé, puisqu'il doit faciliter, au contraire, l'immersion du travailleur. Il est vrai que, suivant la définition donnée par M. le capitaine de vaisseau Paris, dans son *Dictionnaire de marine à voiles*, l'application de Scaphandre est consacrée indifféremment à cet appareil dont se revêtent les hommes « qui veulent s'isoler dans l'eau pour s'y « soutenir ou même plonger au-dessous de la surface. » L'usage est roi moins sage qu'absolu en matière de langage.

Le nombre des industriels qui se livrent, comme moi, à la fabrication du Scaphandre, n'est pas considérable. L'Exposition Universelle de 1855 en a vu cinq seulement apporter leurs produits au concours : trois étaient anglais, deux français. On comprendra que je garde le silence sur le travail de mes concurrents ; mes éloges seraient inévitablement mêlés de critiques, et ces critiques manqueraient d'autorité et de bon goût. Voici, quant à mon propre appareil, ce que je dois en dire :

C'est à Bordeaux, en 1839, que j'ai exposé, pour la première fois, un appareil à plongeur. Quoique inférieur de beaucoup à ceux que je fabrique aujourd'hui, il parut cependant aux juges du concours un progrès notable pour l'époque : une médaille d'argent lui fut décerné. En 1855, à l'Exposition Universelle de Paris, mon appareil perfectionné a mérité une médaille de première classe. Dans l'intervalle de ces deux dates, j'avais reçu deux autres récompenses : une médaille d'argent à l'Exposition de 1844, et une médaille de bronze à celle de Londres, en 1851. Je n'ai commencé, du reste, qu'en 1841, à livrer mes appareils au public. A cette époque, le Brésil a été mon premier acheteur. L'Exposition de 1844 a été le véritable point de départ de leur vulgarisation : celle de Londres y a puissamment contribué à son tour ; mais celle de 1855, et les expériences publiques faites alors sur la Seine, en présence de S. Al. Imp. le Prince Napoléon, ont mis définitivement un terme à toutes les défiances qu'on nourrissait encore contre cette sorte d'engins. Si ce résultat heureux est dû à mes appareils ou à ceux de mes concurrents, il ne m'appartient pas de trancher la question.

Toujours est-il qu'en ce moment, j'ai livré des Scaphandres au commerce de toutes les nations, ou bien peu s'en faut ; aux chemins de fer, à la plupart des gouvernements d'Europe, et notamment à notre marine impériale, tant pour les directions des ports que pour les bâtiments de la flotte. C'est là un état de prospérité de l'industrie du Scaphandre qui se développe tous les jours davantage, et qui prendrait, dans un délai plus ou moins long, des proportions dont le calcul, quoique fort modéré, présenterait, à l'heure présente, une exagération.

Tout Scaphandre se compose de deux parties essentielles : l'une comprend tous les objets destinés à revêtir le plongeur et à descendre avec lui sous l'eau ; l'autre est la pompe qui, de la surface, doit lui envoyer l'air sans lequel il ne vivrait pas dans un tel élément.

La première partie elle-même se subdivise en deux : d'une part, le casque et la pèlerine métallique y attenante ; d'un autre côté, l'accoutrement proprement dit ou le vêtement qui recouvre toutes les portions du corps non abritées sous le masque et ses dépendances.

Ainsi qu'on peut le voir par les figures 1 et 2 de la Planche I et par la légende de la marge, le casque de mes Scaphandres, outre les glaces pour le passage de la lumière et les ouvertures pour les soupapes d'introduction et d'expulsion de l'air, — toutes choses qui lui sont communes avec le casque des autres fabricants, — est muni, en face de la bouche du plongeur, d'un robinet de secours que les autres ne possèdent pas ; sa haute utilité est évidente. J'indiquerai plus loin les cas où elle se fait spécialement sentir.

L'accoutrement proprement dit, à l'exception des brodequins et de la ceinture qui sont en cuir, est d'une étoffe imperméable, tantôt coton croisé, tantôt forte toile, suivant la nature du travail à exécuter ; coton croisé, dis-je, ou forte toile doublée d'une épaisse lame de caoutchouc. L'étoffe de coton est plus flexible et gêne moins les mouvements du plongeur que la toile : celle-ci, en retour, offre des garanties de succès qui souvent sont un motif péremptoire de la préférer : l'ingénieur est juge de ce qui convient. Du reste, c'est par erreur qu'on en se figure que certains accoutrements sont d'une composition spéciale qui les éloigne beaucoup des autres : il est plus vrai de dire que tous se ressemblent et se valent à peu près : aucun fabricant, on le comprendra, ne néglige de se procurer les meilleurs tissus que l'on connaisse.

Voici comment se décomposent les accoutrements du Scaphandre-Cabirol : une paire de brodequins, une ceinture de cuir, le vêtement proprement dit en étoffe imperméable (il est d'une seule pièce des pieds aux épaules), des anneaux en caoutchouc vulcanisé pour fermer hermétiquement le vêtement au poignet.

Mais je n'omettrai pas d'avertir que, sous cet accoutrement imperméable, le plongeur doit avoir la précaution de prendre d'abord un bonnet, un caleçon, un gilet, des chaussettes de laine ou de coton, le tout dans le but que sa transpiration soit absorbée, car l'imperméabilité de l'habillement extérieur ne permettant pas à la sueur de s'écouler, le corps se trouverait dès les premiers instants dans un bain de transpiration aussi préjudiciable au travail que nuisible à la santé.

Je rangerai sous le titre d'accessoires du vêtement un coussin rembourré, destiné à amoindrir l'effet de la pression de la pèlerine sur le corps, un poignard dont il est prudent que le plongeur soit muni pour couper sous l'eau ce qui lui ferait obstacle, des ouvre-manchettes en fer dont l'usage a été adopté en premier lieu au port de Toulon, et qui facilitent considérablement l'opération d'habiller et de déshabiller le plongeur.

La pompe de mes Scaphandres n'est point sur lequel j'ai le droit, à mon avis, d'appeler avec le plus de confiance l'attention et l'examen des intéressés. Je range parmi les avantages qu'elle est notablement plus petite et surtout plus légère que celles de mes concurrents. Ce n'est pas une chose de peu d'importance. D'abord, il est toujours avantageux pour les objets d'armement d'être d'un mince volume : l'espace est précieux à bord. En second lieu, le mérite s'appuie bien plus encore quand il s'agit d'un engin sujet à être transporté fréquemment des parties basses du navire sur le pont, et à être embarqué fréquemment aussi dans les canots ; plus il est léger et petit, plus il est maniable, qualité estimable, on l'avouera, dans les cas dont il s'agit, et ma pompe ne pèse que 70 kilogrammes, c'est-à-dire environ la moitié du poids de celles de la plupart des autres fabricants.

En outre, elle exige, pour fonctionner, une très-faible dépense de force : un homme à chaque extrémité de la bringuebaille la ferait sans fatigue manœuvrer tout un jour, sauf quelques intervalles de repos toujours indispensables dans un travail de cette nature.

De plus, elle est conçue d'après un système si simple, qu'elle redoute très-peu des accidents capables de la déranger, et que fût-elle dérangée, il ne serait pas besoin d'un mécanicien pour la réparer. On le comprendra en se rendant compte de sa structure.

C'est une pompe pneumatique, composée de quatre cylindres de diamètre inégaux. Deux de ces cylindres, pareils entre eux, sont en bronze; ils contiennent chacun un corps de pompe. L'air qu'ils aspirent est envoyé par eux dans un troisième cylindre que j'appelle le *premier réservoir;* il est en cuivre étamé et verni intérieurement. De ce premier réservoir l'air passe dans un second, également dans un cuivre étamé et verni à l'intérieur : c'est le plus grand des quatre cylindres. Or, voici ce qui a lieu : le premier réservoir recevant plus d'air qu'il n'en déverse, l'air s'y comprime: il en est de même du second. D'où il résulte que l'air s'échappe du second réservoir dans le tuyau qui alimente le plongeur par un jet continu, toujours égal, sans que le plongeur soit soumis à l'action si fatigante de ce qu'on appelle le *coup de clapet.* Il résulte encore de la compression de l'air dans le second réservoir qu'il s'y amasse en quantité assez abondante pour pouvoir en fournir encore au plongeur pendant cinq minutes après que les corps de pompe sont tombés en repos. C'est-à-dire que s'il arrivait, dans le cours du travail, un accident aux corps de pompe, et c'est une chose qu'il faut toujours prévoir, loin que l'air fût pour cela brusquement supprimé au travailleur immergé, suppression où la vie est en péril, on aurait tout le loisir de signaler au plongeur qu'il doit remonter ; lui-même aurait, et au-delà, tout le loisir de remonter à la surface, avant qu'il se fût aperçu

que la pompe est arrêtée. Signaler un tel mécanisme, n'est-ce pas faire suffisamment son éloge?

De peur que l'air ne s'échauffe trop pendant son séjour dans les cylindres de la pompe, ils sont au centre d'un bassin qu'on peut toujours tenir plein d'eau froide. Cependant, quoique bonne, cette précaution ne me paraît pas indispensable. Il a été constaté, en effet, par une commission à Toulon, que la pompe n'étant pas munie de son bassin, l'air n'arrivait pas moins frais au plongeur.

Les tuyaux, qui relient le plongeur à la pompe, servent de canal à l'air, sont des tubes composés d'une hélice intérieure en fil de fer étamé, recouverte d'une première toile, de deux lames de caoutchouc laminé, de quatre tours de toile caoutchoutée et, en dernier lieu, d'une forte enveloppe de toile à voile qui protège le tout contre les coupures et accrocs pouvant résulter du frottement sur un corps quelconque.

Enfin, le plongeur tient toujours à la main le bout d'une *corde de signaux* dont l'autre extrémité est tenue, à la surface, par une autre personne avec laquelle il se trouve en communication incessante, à l'aide d'un certain nombre de mouvements convenus.

Tel est l'exacte description de mes Scaphandres. Dans un chapitre ultérieur, j'insisterai davantage sur quelques parties.

Ce n'est peut-être pas un de ses avantages à oublier que la modicité relative du prix auquel je le livre. Je puis le vendre 2,500 fr., et ce chiffre, si nos renseignements sont exacts, reste bien au-dessous du prix de fabrique anglaise, par exemple.

Plus qu'un mot : Tous les articles qui composent mon Scaphandre : pompe, casque, pèlerine, brodequins, plomb de lest, tuyaux, vêtements, ne donnent qu'un poids total de 150 kilog. environ.

CHAPITRE II

Des différents usages du Scaphandre.

Ce serait à tort qu'on regarderait le Scaphandre comme un appareil exclusivement destiné au plongeur. Rendre à l'homme la vie et le travail possibles dans l'eau, tel a été le but primitif des inventeurs; mais en résolvant ce problème ils en ont, du même coup, résolu un autre fort important, lui aussi. Je m'explique.

Que fait le Scaphandre? Il isole le travailleur du milieu où il est descendu, et il le maintient en communication avec celui qu'il a quitté. De là, peu importe la nature du milieu où l'on est descendu. Est-ce de l'eau? On y respire l'air de terre. Sont-ce des gaz méphytiques? Ce sera encore l'air de terre qu'on y respirera. L'imperméabilité du vêtement d'une part, et, de l'autre, le fonctionnement régulier de la pompe assurent ce résultat.

Dès lors, s'il est un endroit quelconque, à terre aussi bien que sous la vague, où l'homme doit parvenir, et où il ne peut se risquer à visage découvert, sans affronter le péril imminent d'asphyxie ou d'empoisonnement; qu'il mette entre lui et les émanations de ce lieu la barrière du casque et du vêtement imperméables; qu'il s'assure par la pompe et son tuyau conducteur que l'air pur du ciel ouvert ou d'un appartement salubre ne lui fera pas défaut, ces deux conditions remplies, il n'est égout, puits perdu, fosse d'aisance si fétides, fond de cale, soute à charbon, caves d'où se dégagent les gaz les plus délétères, caverne inexplorée, mine pestilentielle, aucun lieu enfin où il ne puisse se hasarder sans danger. On voit les conséquences fécondes en applications de ce principe incontesté du Scaphandre. Et certes, les accidents sont assez nombreux parmi la classe chargée de la propreté des villes, parmi les ouvriers de certaines grandes industries, parmi les matelots obligés spécialement, dans les latitudes chaudes, de désinfecter les cales et les soutes, pour qu'il soit permis d'espérer qu'on se préoccupera de sauvegarder tant d'existences forcément exposées: au Scaphandre reviendra l'honneur de cet inappréciable progrès.

Je citerai un seul cas, à l'aide duquel, raisonnant par analogie, le lecteur s'imaginera facilement dans combien de circonstances le Scaphandre pourrait être employé et le sera plus tard, à une toute autre fin que les opérations sous-marines. Quand une épidémie éclate à bord d'un navire qui est sur rade, la règle à peu près invariable, c'est de mettre les hommes à terre, de décharger le navire, de le délester même, et, cela fait, d'employer largement tous les moyens de curage, de désinfection et d'asséchement. « Les immondices qu'on retire d'ordinaire de la cale dans les opérations, dit M. Fonssagrives, dans son Traité d'Hygiène Navale, démontrent par leur abondance et leur » fétidité quelle influence nuisible elles sont susceptibles d'exercer. » M. Fonssagrives ajoute que ces opérations sont « dangereuses pour les hommes qui les exécutent, et » demandent des précautions préservatrices toutes spéciales. » Or, quelles précautions sauraient être plus efficacement préservatrices que de faire opérer le curage, quand la cale a été vidée, par des travailleurs hermétiquement renfermés dans un vêtement imperméable et respirant l'air du plein pont?

Je ne me dissimule pas toutefois qu'il faudra bien des années encore avant qu'on songe à demander à l'emploi du Scaphandre des services aussi multipliés; nous n'arriverons qu'avec une lenteur extrême aux plus salutaires innovations. Ce qui me console et doit consoler mes confrères, c'est que nos appareils sont employés dès aujourd'hui dans des cas assez nombreux, à des travaux assez importants, pour que nous ayons conscience d'avoir doté l'industrie d'un engin dont elle ne saurait plus se passer.

J'aurai ailleurs occasion de m'étendre sur l'application du Scaphandre à la pêche de ces quatre articles si nécessaires, si riches, en même temps que si pénibles à relever du fond de la mer : les perles et la nacre, le corail et les éponges. Je me bornerai donc, quant à présent, à la classe des travaux sous-marins qui ont pour objet immédiat la navigation.

Je les range sous quatre titres : exploration du lit de la mer, visites et réparations des navires à flots, sauvetages, fondations d'ouvrages hydrauliques.

Explorer le fond de la mer, surtout à proximité des côtes, est souvent une opération de la plus haute importance. Elle est indispensable pour connaître la qualité d'un mouillage ou la nature de certains obstacles à la navigation. Il y a longtemps, personne ne peut l'ignorer, que les hydrographes, sans descendre sous la vague, sont arrivés à analyser d'une manière complète le fond qu'elle recouvre; mais on sait aussi au prix de quelles fatigues et de quelles dépenses ils obtiennent lentement ce résultat. Loin de moi la pensée que le Scaphandre amoindrira l'importance de la science hydrographique; mais, à coup sûr, ce n'est pas se faire illusion que d'affirmer que dans beaucoup de circonstances il deviendra un de ses auxiliaires, un de ses instruments, si l'on veut, les plus utiles. Pour le prouver, je n'ai besoin que de rappeler qu'à Toulon, un plongeur revêtu de mon appareil est demeuré, sans fatigue, une demi-heure, par des fonds de vingt-quatre brasses. Or, je ne doute point que, grâce aux perfectionnements adoptés par moi depuis, il lui serait aussi facile de séjourner une heure, aujourd'hui, par un fonds de trente brasses. Et, s'en faut, j'ajoute, que ce soit la limite extrême de la victoire que j'ai remportée sur cet ennemi réputé jusqu'à présent invincible, la pression de l'eau, passé une certaine profondeur.

Ni la pêche, ni l'hydrographie ne seront les seules intéressées à ce triomphe. Les sciences naturelles ne manqueront pas d'en recueillir des notions complètement inconnues encore sur certaines parties de la création. Que de plantes, peut-être, de coquillages, de polypes et mollusques sont cachés, non pas au fond de la mer, mais à quelques brasses seulement au-dessous de la ligne des basses mers sur nos côtes, sont cachés, dis-je, dans des infructuosités de roches ou dans des grottes profondes d'où jamais, ni l'effort des tempêtes, ni le filet, ni la drague ne sont parvenus encore à les arracher. Désormais, grâce au Scaphandre, le rivage submergé n'aura pas plus que le sommet des falaises, un seul coin, un seul replis où l'homme ne puisse parvenir, qu'il ne puisse mesurer, explorer ou vider au besoin de ses habitants séculaires.

Si on m'accusait, quand je tiens ce langage, de laisser un trop libre champ à mes espérances, et de prendre le mirage de mes illusions pour des réalités, je répondrais qu'on accueillait nos prévisions avec le même scepticisme quand, il y a vingt ans, j'osai annoncer qu'à l'aide du Scaphandre on visiterait bientôt à l'extérieur toutes les parties basses des plus grands bâtiments, sans avoir besoin de les échouer ou de les faire entrer au bassin. C'était un rêve alors; depuis, cela n'en est pas moins devenu un fait. A la première inquiétude d'un commandant, un plongeur fait le tour en tous sens de sa carène, et quand il remonte sur le pont après un quart-d'heure, une demi-heure ou une heure d'immersion continue, il lui rend le compte le plus minutieux, le plus exact, de l'état de son cuivre et de ses bordages, des avaries survenues ou non à la quille, des obstacles qui empêchent le jeu du gouvernail ou de l'usure qui menace sa solidité. Que de temps perdu autrefois, que de dépenses, sans parler des risques d'un échouage ou d'une mise au bassin, pour se procurer les mêmes renseignements! Et, qu'on le remarque! le plongeur n'en est pas réduit à constater le mal, dans les cas où il existe, sans pouvoir se livrer au moindre travail pour le réparer. Ne serait-il que voir, cela serait déjà un résultat précieux; tous les hommes du métier en conviennent. Mais, en outre, il peut travailler; il y a des avaries qu'il peut réparer sur l'heure, lesquelles eussent exigé autrefois, dans nos ports de commerce dépourvus de bassin, l'abattage en carène! Nous donnerons ailleurs le détail de ces avaries. Qu'on veuille bien le remarquer

encore, l'invention de l'hélice a coïncidé à peu près avec celle du Scaphandre, et l'hélice a tellement besoin du Scaphandre, à cause des visites fréquentes qu'elle nécessite, à cause des mille et mille accidents qui peuvent entraver son fonctionnement, et qui sont aisément réparables par un plongeur, que le lecteur aurait peine à en croire ses yeux si nous lui énumérions, d'une part, les visites d'hélice qui ont eu lieu au Scaphandre, dans un seul de nos ports : Toulon, par exemple, dans l'espace de cinq ans; et, d'un autre côté, les sommes qu'on eût été obligé de dépenser pour suppléer à ces visites, si le Scaphandre n'avait pas existé. Bâtiment de guerre ou navire du commerce, aucun steamer à hélice ne peut, ne doit de moins, naviguer sans porter un Scaphandre à son bord; les principes les plus élémentaires de l'économie l'exigent impérieusement. Les compagnies d'assurances en feront un jour une loi.

Le même motif d'économie de temps et d'argent fera prévaloir l'emploi à peu près exclusif du Scaphandre pour les sauvetages de matériel tombé à la mer. Aujourd'hui le recouvrement d'ancres, câbles, câbles-chaînes, objets en général, effets ou marchandises confiés à fonds, s'opère le plus souvent par la drague, les chattes et les grappins. Mais, comme le remarque M. le capitaine de vaisseau Paris (*Dictionnaire de Marine à voiles*), le sauvetage de tous les objets ne peut guère être obtenu qu'à l'aide des recherches et des travaux des plongeurs. Or, est-il admissible que l'on continuerait à faire plonger les hommes, au péril de leur vie, sans les revêtir d'un appareil qui, non-seulement met leur existence en sûreté, mais encore centuple la puissance et l'efficacité de leurs efforts? Poser la question, c'est la résoudre. Ajoutons seulement qu'une seule ancre, un seul câble-chaîne recouverts, représentent le prix, plus que le prix d'achat d'un Scaphandre. Nous ne pouvons mieux faire toucher au doigt le véritable intérêt des capitaines et des armateurs.

Et puis combien de fois un capitaine en cours de campagne ne trouvera-t-il pas l'occasion de se livrer pour son compte ou pour le compte d'autrui à des opérations de sauvetage qui couvriront les frais d'achat de son appareil. Séjournera-t-il huit ou quinze jours sur une seule rade, sans qu'autour de lui, de son bord ou du bord voisin, il ne tombe à la mer des objets dont le prompt et facile relèvement lui sera une bonne fortune. Et nous ne parlons pas de ces cas nombreux où son équipage, étant pour plusieurs jours inoccupé, il n'aurait rien de mieux à faire que de se livrer à la pêche de ces belles épaves si abondantes au fond de tous les mouillages!

Il n'y a pas jusqu'à la coque entière d'un bâtiment depuis longtemps submergé qui ne puisse être, à l'aide du Scaphandre, très-aisément relevée du fond avec son chargement. Sans doute, c'est une opération considérable et qui nécessite un outillage spécial, mais le résultat ne manquera pas de couvrir les frais et de laisser encore des bénéfices importants. Que faut-il? Amener au-dessus de la coque engloutie un ponton ou un chameau; relier à l'épave le ponton ou le chameau à mer basse; par des câbles puissants : quatre-vingt fois sur quatre l'action de la marée haute suffira pour faire flotter le tout.

Pour ma part, je me suis étrangement émerveillé des procédés adoptés par les ingénieurs américains qui avaient entrepris de relever, à Sébastopol, les vaisseaux coulés dans la passe au début du siège. C'est avoir bien méconnu, à mon avis, la puissance de la mécanique navale, que de s'être arrêté tout d'abord au parti de faire sauter ces vaisseaux par la mine. Il me semble qu'en coulant à côté de chacun d'eux des chameaux, qu'en envoyant ensuite des plongeurs revêtus de Scaphandres, lier le chameau aux flancs du vaisseau par d'énergiques étalingures ; qu'en opérant un certain vide dans les vaisseaux eux-mêmes par un moyen facile à deviner, vu l'état actuel de la science ; qu'en vidant par la pompe l'eau dont les chameaux auraient été remplis par l'immersion, on aurait vu, à la suite de toute cette préparation vraiment élémentaire, chacun des vaisseaux venir à la surface, soulevés et entraînés par son chameau. J'aurais à peine compris qu'on ne tentât pas l'entreprise par ces procédés à une époque où le Scaphandre manquant, le travail sous l'eau était ce qu'il fallait avant tout éviter. Au point de vue du gouvernement Russe, le dégagement de la passe de Sébastopol était chose d'assez de valeur pour qu'il ne dût pas reculer devant l'établissement d'un chantier gigantesque. Pour avoir donné la préférence à une méthode plus expéditive en apparence, on a dû consumer sans fruit des sommes relativement immenses.

Mais je m'écarte peut-être un peu de mon sujet. Il me reste à dire à quel titre le Scaphandre est l'auxiliaire obligé des travaux hydrauliques. Sur ce point, la conviction est faite, et il me conviendrait d'autant moins d'en parler avec détail, que je m'adresserais à des ingénieurs dont c'est à moi de recevoir des instructions. Je me contenterai, pour constater la valeur du Scaphandre, de consigner ici un témoignage : il ne saurait être suspect, émanant d'un homme dont les appareils font concurrence au Scaphandre. « L'usage du Scaphandre, dit M. Payerne, dans un mémoire récent sur sa *Cloche-Hydraulique*, revient très-cher et produit peu. Il est cependant juste de le dire, c'est l'unique appareil dont on doive se servir pour visiter les murs des quais, les carènes des navires, et pour les usages du même genre. » Je m'en rapporte au jugement des ingénieurs sur la valeur de cette assertion critique, que l'emploi du Scaphandre revient très-cher et produit très-peu. La préférence de jour en jour marquée qu'ils lui accordent est loin de sanctionner une pareille appréciation.

CHAPITRE III

Instructions aux plongeurs sur la manière de revêtir l'Appareil, sur les précautions à prendre quand on descend dans l'eau et sur le fonctionnement de la pompe.

Ce serait une grave erreur de s'imaginer que le premier venu n'a qu'à se revêtir d'un Scaphandre, sans plus de soin que s'il endossait un vêtement ordinaire, pour descendre ensuite impunément au fond de l'eau, y séjourner, y travailler. Sur la foi de prospectus mensongers, quelques-uns ont pu le croire; mais s'ils ont agi en conséquence, ils n'ont pas tardé à s'en trouver mal. Pour moi, loin de me vanter d'avoir construit un appareil qui rende aussi simple les opérations sous-marines, je me reprocherais comme une coupable manœuvre, de ne pas confesser hautement que tous les ouvriers ne sont pas également aptes à exercer, même à l'aide du Scaphandre, le rude et pénible état de plongeur. Il est vrai que pour descendre de temps à autre dans des eaux tranquilles, à une petite profondeur, et ne s'y livrer qu'à un travail sans efforts et de courte durée, les aptitudes requises ne sont pas très-difficiles à rencontrer. Il est impossible, par exemple, que dans l'équipage même peu nombreux d'un bâtiment de commerce, il ne se rencontre pas un ou deux matelots tout à fait propre à endosser utilement le Scaphandre, à la mer ou sur rade, pour visiter une carène, dégager une hélice, remplacer une pièce de la ferrure d'un gouvernail, détalinguer un grelin sur une ancre perdue. Mais toutes les fois qu'il s'agira d'une entreprise pénible et de longue haleine, on commettrait une coupable imprudence d'en charger un plongeur non suffisamment éprouvé. Ceci est tellement hors de doute, que dans tous nos ports militaires des hommes sont spécialement dressés au métier de plongeur; c'est leur état, ils ne sont admis à l'apprendre que sur certaines indications de leur constitution; ils y sont instruits par degrés et méthodiquement. L'humanité faisait un devoir aux ingénieurs de procéder de la sorte, et c'était, d'autre part, le seul moyen d'obtenir, à l'aide du Scaphandre, un bon et rapide travail. Je ne ferai pas difficulté d'avouer que tout récemment encore, j'ai dû renoncer pour un moment à des expériences que je voulais faire; j'ai dû y renoncer, dis-je, pour un temps, faute d'avoir sous la main des hommes que je crusse assez exercés, assez sûrs d'eux-mêmes, pour affronter sans péril des épreuves plus hardies que toutes les

précédentes. Un peu plus tard, j'ai trouvé ces hommes. Que si j'ai perdu un temps qui m'était précieux, eu égard aux circonstances, je ne me repens pas d'avoir subi cet inconvénient, plutôt que de compromettre la vie ou la santé d'un ouvrier.

Donc, le choix des plongeurs doit être l'objet d'un soin tout particulier de la part de quiconque, ingénieur, entrepreneur ou capitaine, qui veut employer le Scaphandre. Ici comme partout, autant vaut l'homme, autant vaut l'outil. J'ai la conviction sincère, profonde, qu'essayé concurremment avec n'importe quel appareil du même genre, mon Scaphandre, si des deux parts sont des plongeurs habiles, donnera des résultats de beaucoup supérieurs; mais je ne puis plus répondre de rien si on le confie à des mains inexpérimentées.

La première chose dont il faut s'assurer, c'est que le plongeur ou l'homme qui veut devenir soit d'une constitution robuste. Examinant la question au point de vue des bâtiments de l'État, M. le docteur Fonssagrives, dans l'ouvrage que j'ai déjà cité, dit avec autant d'autorité que de raison : « Les matelots forts, vigoureux, à poitrine bien déve- » loppée, chez lesquels la respiration se fait bien, qui n'ont aucune trace d'affection du » cœur, sont ceux qu'il faut choisir de préférence, et le médecin doit veiller, d'une part, » à ce que le moment du dernier repas soit éloigné; d'une autre part, à ce qu'une distri- » bution supplémentaire vienne ranimer la circulation quelquefois engourdie lorsque la » saison est rigoureuse. » Pour être prescrites plus spécialement à l'endroit de l'homme qui plonge démuni de toute sorte d'appareil, ces règles n'en sont pas moins applicables, en général, à celui qui doit préalablement se revêtir du Scaphandre.

« Dans la Cloche à Plongeur, dit le même auteur, le travailleur est soumis à une pression » considérable dont les effets ont été parfaitement étudiés, dans ces dernières années, par » M. Tigor, d'abord, puis par MM. Pol et Watelle, à propos des recherches faites par le » premier de ces ingénieurs pour exécuter, au moyen de l'air comprimé, le percement des » puits et des mines dans les terrains submergés. » Reconnaissons-le, il s'en faut que le travail sous-marin, surtout dans les profondeurs ordinaires, soit aussi dangereux à l'aide du Scaphandre que dans la Cloche; néanmoins, quoique les influences soient moins meurtrières dans un cas que dans l'autre, elles ne cessent pas que d'être de la même nature à peu près.

Se vêtir de l'Appareil, descendre sous la vague, y séjourner, revenir enfin à l'air libre, tels sont les quatre principaux temps qui divisent toute la manœuvre du plongeur. Quant aux précautions qu'exigent chacun de ces temps, j'aurai ajouté le détail des soins indispensables à la conservation de l'Appareil au repos, j'aurai traité, ce me semble, toute la matière afférente au présent chapitre.

Le plongeur, au moment où il va se vêtir de son Appareil, doit être à peu près dans le même état physique que s'il se disposait à prendre un bain frais. Il faut, par conséquent, qu'il y ait intervalle depuis son dernier repas, que toute transpiration soit arrêtée; qu'il n'y ait aucune agitation morale causée par des émotions vives; qu'il n'y ait aucune trace d'altération dans la santé. Surtout qu'on se garde bien de laisser s'y hasarder un ouvrier chez lequel on remarquerait le moindre symptôme d'ivresse. Je sais qu'en cet état, le plongeur se montre invariablement d'une intrépidité que rien n'étonne; c'est alors qu'il se livrerait le plus volontiers, avec une fanfaronnade obstinée, aux expérimentations les plus périlleuses; mais je sais aussi que sous peine d'encourir une lourde responsabilité, il faut à tout prix l'écarter du chantier jusqu'à ce qu'un calme parfait lui soit revenu.

Je l'ai dit au chapitre premier, le vêtement de mes Scaphandres se compose d'un accoutrement de dessous : bonnet, gilet, caleçon, chaussettes de laine ou de coton, et de l'accoutrement proprement dit en étoffe imperméable. On ne doit jamais permettre, quelle qu'instance qu'il en fasse, à l'ouvrier de se contenter du vêtement de dessus : qu'il revête toujours préalablement les effets de dessous. Il est impossible, en effet, qu'au fond de l'eau sa transpiration ne soit abondante. Or, ne pouvant dans ce milieu s'évaporer comme elle le ferait à l'air libre, qu'elle arrive directement des membres à l'étoffe imperméable, comme elle se condenserait très-vite contre celle-ci, qui est tenue nécessairement très-froide par le contact immédiat de l'eau, il en résulterait que la sueur, après quelques instants, retomberait sur le plongeur en véritable pluie glacée. Constater ce fait, c'est assez en indiquer les conséquences. Si au contraire un épais tissu de laine ou de coton s'interpose entre le corps du plongeur et l'étoffe imperméable, la sueur absorbée au passage par le premier tissu ne peut pas venir se refroidir contre le second.

Le vêtement imperméable est d'une seule pièce des pieds aux épaules. Il se passe d'abord comme un pantalon ordinaire; puis, les bras introduits l'un après l'autre, on force sa collerette de cuir à remonter, de manière qu'elle s'ajuste bien sur les épaules. On prend ensuite la collerette de métal, — sans le casque, bien entendu, — on la pose dans la situation qu'indique sa forme sur le haut du corps; on fait entrer, en forçant autant qu'il est nécessaire, chaque boulon de cette collerette de métal dans la boutonnière correspondante de la collerette de cuir. Une opération analogue se répète pour placer les brides en cuivre ainsi que les écrous à oreille, qui, par la pression qu'ils

exercent, obligent le haut du vêtement et la collerette de métal à se joindre si juste, qu'il n'y ait entre eux aucun passage de l'eau possible.

Il est très-bon que le plongeur revête par dessus le pantalon imperméable, un second pantalon en forte toile; le premier se trouve ainsi garanti des déchirures que mille causes peuvent occasionner pendant le travail sous l'eau.

Je ne dois pas omettre d'avertir que l'introduction des mains dans les manchettes de caoutchouc qui terminent le bas des manches, ne peut se faire commodément que par l'emploi des ouvre-manchettes. C'est le seul moyen d'éviter, et la déchirure de l'étoffe, et la blessure des mains. L'ouvre-manchette s'introduit dans la manchette avant que le poing s'y engage. Sous l'effort doucement progressif de droite et de gauche de l'ouvre-manchette, le caoutchouc s'étend, la main du plongeur passe entre les deux lames concaves de l'instrument; on retire celui-ci avec précaution, le caoutchouc revient sur lui-même, serre le poignet sans le gêner, et toute introduction de l'eau devient d'autant plus impossible par le bas des manches, que par dessus la manchette on passe un bracelet qui augmente encore son adhérence au poignet. La même manœuvre se répète au moment de retirer les mains des manches, quand le plongeur se déshabille.

Rien de plus simple que de chausser les brodequins; des boucles y sont adaptées qui servent à les fixer solidement, et il suffit de voir ces boucles pour en comprendre le mécanisme.

Après les brodequins, c'est le lest qu'il faut attacher sur le plongeur. Il se compose de cœurs en plomb accouplés à chaque extrémité d'une corde goudronnée. Cette corde passe comme une bretelle sur chaque épaule, tandis que d'autres cordes se serrent autour des reins comme une ceinture, de façon à empêcher tout ballotement ou vacillement des cœurs. S'il y avait lieu d'ajouter un lest supplémentaire, comme ce cas ne peut se présenter que dans un travail par de grandes profondeurs, — ce qui implique la présence sur le chantier d'ouvriers exercés, — l'expérience leur indiquerait suffisamment les meilleures dispositions à prendre pour la sûreté des poids et la liberté de mouvements du plongeur.

En dernier lieu, enfin, le casque vient emboîter la tête. C'est une opération délicate pour plusieurs motifs. Le plongeur, gêné par son lourd accoutrement, ne peut guère jouer qu'un rôle passif : il ne faut pas compter sur son concours. D'un autre côté, le casque est pesant et fragile : il suffirait d'une maladresse par précipitation ou malentendu pour le jeter à terre quand on l'aurait déjà élevé à hauteur d'homme. S'il ne se brisait pas dans cette chute, il est probable qu'il s'endommagerait notablement, outre que frappant les jambes soit du plongeur, soit de ceux qui l'habillent, il est certain qu'il les blesserait. Voici le détail très-précis de la manœuvre à exécuter.

Le robinet de secours ayant été grand ouvert, — qu'on remarque bien cette précaution, — deux hommes, l'un passant en face du plongeur, l'autre derrière lui, élèvent le casque, exactement dans la position où il doit être assujetti, à dix ou quinze centimètres au-dessus de la tête du plongeur. Ils font là un léger temps d'arrêt pour s'assurer que la certitude est parfaitement orienté dans le sens voulu. Cette certitude acquise, ils le laissent s'abaisser lentement, et suivant une ligne verticale aussi droite que possible, ils veillent avec le plus grand soin à ce qu'il ne frappe par aucun côté ni le crâne, ni le front, ni les oreilles ou le visage de leur camarade, jusqu'à ce qu'enfin la partie inférieure du casque porte sur la partie supérieure de la collerette en métal. Alors, le tenant toujours assez solidement pour qu'il ne se renverse par son propre poids d'aucun côté, ils chevelent doucement en le portant de gauche à droite à faire s'emboîter d'elles-mêmes l'une dans l'autre ces deux parties que je viens de nommer : le bas du casque et le haut de la collerette. Sont-elles emboîtées convenablement, ils les engagent, par un mouvement de droite à gauche, à l'aide de la vis coupée qui opère leur jonction et leur assujétissement définitif. Le casque, dès-lors, est en place ; il faudrait un brutal effort pour entraîner sa chute.

Néanmoins, un avis : c'est de prendre garde, quand on visse le casque, de ne pas faire, comme quelques-uns y sont trop portés, — un effort exagéré. Qu'en résulterait-il? Par la nature même de la vis coupée, cet effort entraînerait le casque dans une telle position, que les parties larmodées ne s'entremordant plus, il franchirait rapidement un certain espace, au risque évident de blesser le plongeur. Il est donc absolument nécessaire de visser avec grande attention.

Je recommande bien, en outre, de s'assurer, avant que le plongeur ne descende, si la bande de cuivre qui recouvre la ligne de jointure du casque et de la collerette ferme hermétiquement tout passage à l'eau. Il en sera de la sorte, si on a eu soin, par un graissage suffisant, de lui maintenir son élasticité. Si, au contraire, on a négligé cette précaution, le cuir sec, racorni, recroquillé laissera entre lui et le métal, plus d'un espace par lequel il ira s'introduire dans le pas de vis, et de là, s'infiltrer peu à peu dans le vêtement. Ce serait un inconvénient majeur. Que d'opérations manquées et d'appareils perdus de réputation, pour une omission d'une importance aussi minime en apparence !

Ainsi équipé et muni, en outre, de tous les outils dont il a besoin, le plongeur est prêt à descendre à l'eau : c'est le moment de redoubler de minutieuse attention, si l'on ne veut pas avoir à regretter des accidents.

On visse au casque les tuyaux conducteurs de l'air déjà fixés à la pompe par leur autre extrémité. On a eu soin, je le suppose et c'est indispensable, de calculer la longueur de tuyau voulue pour l'opération projetée : à cette longueur, on a ajouté un tiers en sus à peu près à toute éventualité. Que si, malgré le prévoyant mesurage, on s'apercevait, dans le cours du travail, qu'on n'a pas encore une longueur suffisante, il serait de la dernière imprudence d'entreprendre d'y ajouter, le plongeur restant au fond, on ne devrait se le rappeler qu'à terre, soit à bord, selon le cas, pour se livrer aux raccords.

On a eu soin encore, avant de visser les tuyaux au casque, de les casoyer, c'est-à-dire après les avoir adaptés seulement, de faire jouer celle-ci avec une certaine vigueur pendant le temps nécessaire pour, d'une part, chasser la poussière et toutes les ordures qu'ils peuvent contenir, et s'assurer, d'autre part, qu'aucun accroc ou fissure ne laisse échapper l'air.

Enfin, on n'a pas négligé de passer, dans l'anneau qui est à cette fin à la ceinture, l'extrémité du tuyau qui doit être vissée au casque. Cela empêche tout ballotement de ce tuyau, qui serait fort incommode au plongeur, et de plus, le tuyau se

trouve ainsi toujours maintenu à la portée de la main du plongeur pour le cas où ayant, soit à s'éloigner, soit à descendre, il serait obligé de l'attirer à lui.

Tous ces points fidèlement observés, le plongeur s'avance à l'endroit précis où il doit entrer dans l'eau. Le robinet de secours est toujours grand ouvert : la pompe joue. Je dis que le robinet est resté ouvert ; c'est qu'en effet, s'il en était autrement, l'air, faute de cette issue, s'engouffrerait tout dans le vêtement. Mais comme le vêtement, n'étant pas encore immergé, ne subit aucune pression qui chasse vers la soupape d'échappement, force serait qu'il se gonfle immédiatement comme une outre, et, dès lors, le plongeur chercherait vainement à s'immerger; malgré lui, il surnagerait comme un poids dans une vessie. Donc, le plongeur ne ferme le robinet qu'à l'instant précis où, le cou entier déjà dans l'eau, il va y plonger la tête.

Sans être précisément périlleux, le passage de la terre ou d'un pont d'embarcation dans l'eau, offre des difficultés au plongeur, difficultés qui sont toutes le résultat de la gêne imposée à ses mouvements par son accoutrement et ses poids de lest. Je ne décrirai, toutefois, aucun des procédés qui peuvent le plus utilement être mis en usage. D'abord, je n'ai caractère que pour parler que de ce qui constitue mon Appareil. En second lieu, les travaux du plongeur sont surveillés et guidés, à la mer, par des officiers, à terre, par des ingénieurs et des maîtres que leur savante expérience rend plus habiles que moi à inventer ou choisir les méthodes réclamées par le besoin du moment. Enfin, à défaut d'une meilleure direction, le plongeur lui-même, pour peu qu'il n'en soit pas à son coup d'essai, organisera suffisamment bien son terrain, son échelle, etc. Quant à ceux qui se risqueraient quoique trop novices, je ne veux pas qu'ils trouvent une excuse à leur inexcusable témérité dans des indications que je donnerais ici, nécessairement insuffisantes pour eux.

Supposons donc dès maintenant que le plongeur vient de disparaître sous l'eau, ou plutôt qu'il est déjà descendu peu à peu soit au fond, soit à la profondeur voulue par son travail. Je n'ai qu'une chose à recommander et à lui et à l'ouvrier qui, de la surface, tient l'autre extrémité de la corde des signaux, c'est de prêter l'attention la plus scrupuleuse, je puis dire la plus religieuse, puisque la vie d'un homme en dépend, aux signaux qu'ils échangent. Cela m'amène à rappeler un oubli.

J'ai oublié, en effet, de mentionner que le plongeur emporte avec soi, attachées à sa ceinture, deux cordes, dont l'une a son autre extrémité dans la main d'un camarade chargé exclusivement d'en compter et d'en comprendre les différentes secousses ; chaque secousse est un signal convenu ; dont l'autre est attachée, solidement par le plongeur, à l'endroit précis du fond où il a touché terre, et lui servira à revenir à ce même point, dans le cas où il aura été obligé, pour son travail, de s'en écarter.

Les signaux sont une matière délicate. Ils doivent être peu nombreux, facilement intelligibles, capables de traduire toutes les indications utiles, en égard à la nature du travail (1). J'ajoute qu'une seule règle peut tenir lieu de toutes les autres : c'est d'ac-

(1) Sur ce texte : un coup signifie, cela va bien; deux coups, pas assez d'air; et trois coups trop d'air ; ce dernier cas est rare. — Sur la chaîne : un coup signifie descendez-moi l'outil, deux coups, montez l'outil ; trois coups, je veux monter ; lorsqu'il tient l'objet qu'on lui a descendu, le plongeur

coupler les travailleurs de telle sorte, que le plongeur et son *correspondant* de la surface aient acquis, par l'habitude, une confiance illimité l'un et l'autre. Cet amatelotage, si je puis ainsi m'exprimer, est aussi précieux que facile à réaliser.

Le plongeur, au fond de l'eau, doit manier avec intelligence le robinet destiné, dans l'eau, à l'échappement de l'air vicié. Il s'ouvre et se ferme à volonté, mais il ne s'en suit pas qu'il est toujours facultatif de l'ouvrir ou de le fermer sans calcul. A une profondeur de dix mètres, on peut l'ouvrir assez fréquemment, parce que la pression exercée à cette profondeur, par l'eau, sur le vêtement, n'étant pas très-forte, la quantité d'air qui s'échappe est suffisamment compensée par celle qui arrive de la pompe. Plus bas, au contraire, comme la pression augmente beaucoup, l'équilibre n'est plus aussi facile à maintenir, le robinet ouvert entre le courant d'arrivée et le courant de sortie. Le vêtement, dès lors, tend à se dégonfler : la pression extérieure, par suite, pèse de plus en plus sur les membres, leur causant de la fatigue, et même de la douleur. Le plongeur, au moment où il croit nécessaire d'ouvrir le robinet dont il s'agit, doit donc demeurer attentif au progrès de la pression qu'il ressent ; ne pas s'en inquiéter, puisque la cause de ce progrès lui est connue, mais y mettre fin par la fermeture, aussitôt qu'un léger commencement d'incommodité l'en avertit.

A la suite de ces explications, il est aisé de comprendre ce qui donne lieu, quand le plongeur, remontant, apparaît à la surface, à un phénomène dont quelques-uns se sont parfois montrés effrayés. Je veux parler de l'état de gonflement énorme où se trouve alors le vêtement.

Si un pareil gonflement a lieu à une profondeur de plusieurs mètres, il est évident que l'irrésistible puissance avec laquelle le Scaphandre, dans cet état, tend à remonter à la surface, entraîne l'homme avec la rapidité d'une flèche. Cela serait peu de chose, si l'on était sûr que l'ouvrier viendra faire tête à un endroit où la mer est parfaitement libre; mais il peut arriver, surtout dans un port, qu'il aille faire tête sous un canot, sous un bois flottant, sous l'embarcation où fonctionne la pompe, sous le tremplain et l'échelle par laquelle il est descendu et doit remonter. Or, il n'est pas douteux que dans toutes ces hypothèses, le plongeur courrait le plus grand risque d'être blessé.

Le seul moyen de conjurer ce péril, c'est d'empêcher le gonflement du vêtement. Par quel moyen? Dans les grandes profondeurs, le plongeur demande toujours que la pompe lui envoie une quantité d'air qui s'augmente en proportion de l'augmentation progressive de la pression extérieure au fur et à mesure qu'il descend d'avantage. Supposons-le à quarante mètres : il est certain qu'à cette profondeur il est arrivé, par des indications successives, à exiger, de la pompe, un fonctionnement énergique. Celle-ci lui envoie une quantité énorme d'air, et s'il n'en est pas incommodé, c'est que, sous la charge également énorme de la pression, il s'établit un courant de sortie par la sou-

pape naturelle, qui le débarrasse incessamment de la quantité superflue : il est bien. Supposons maintenant qu'il veuille remonter, et que, pendant son ascension, la pompe manœuvre toujours avec la même force, la pression diminuant à chaque mètre qu'il franchit vers la surface, il est évident que l'air sortira du vêtement en quantité toujours de moins en moins considérable; que le surplus de ce qui arrive, y demeurera promptement renfermé, et que, par conséquent encore, le gonflement parfait ne tardera pas à avoir lieu. Voilà la cause du mal, le moyen de le prévoir s'en déduit.

Au moment où le plongeur indique qu'il va remonter, il faut que la pompe, ralentisse très-doucement d'abord, progressivement ensuite, l'activité de son fonctionnement. Il faut que, de son côté, le plongeur, par l'ouverture du robinet de secours, assure un courant d'air une sortie dont il calcule l'abondance par le degré de pression qu'il ressent : il ferme dès que la pression est trop forte; il rouvre dès qu'il se sent tiré en haut par son vêtement. Si les uns et les autres exécutent bien ces manœuvres, — et ils les exécuteront bien, pour peu qu'ils soient expérimentés, — le vêtement ne contiendra jamais trop d'air, le plongeur le maîtrisera toujours et arrivera infailliblement, sans secousse, au point où l'on attend.

Ce qui ressort surtout de telles explications, c'est la nécessité de ne permettre qu'à de très-bons plongeurs de s'aventurer plus bas que les profondeurs ordinaires.

Que si, à l'instant où le plongeur sort définitivement de l'eau, le robinet du casque est fermé, le premier soin de ceux qui s'en apercevront sera d'ouvrir immédiatement ce robinet, afin de mettre tout de suite le plongeur en contact avec l'air extérieur, puis de dévisser et d'enlever la lunette de face. En même temps, on débarrassera les mains de tous les objets dont elles seraient embarrassées, et on procédera sans retard, mais sans trop de hâte non plus, à l'enlèvement du casque et du lest. Le passage très-brusque d'une atmosphère comprimée à l'air libre n'est pas moins une cause d'accidents que la compression elle-même.

Le casque se dévisse et s'enlève par une manœuvre tout à fait semblable à celle que nous avons recommandée pour le mettre. De même, chaque pièce du vêtement se retire comme elle a été revêtue, en procédant d'abord par les pièces revêtues en dernier lieu. Inutile de dire que le plongeur étant toujours baigné de sueur et souvent très-fatigué au moment où on le débarrasse, il faut le traiter alors selon toutes les indications de l'hygiène en pareille circonstance : le détail serait superflu et, en outre, j'ai hâté ce chapitre, dont la longueur serait déjà excessive, si elle n'était amplement justifié par l'importance de la matière.

Du reste, je n'ai plus à parler que des soins à prendre de l'Appareil dans les intervalles d'un service à l'autre, afin d'assurer sa plus longue conservation. Du casque, je ne dirai rien : il faut le traiter comme on traite tous les objets de même métal. Pour la pompe aussi, les prescriptions sont nécessairement les mêmes que pour toutes les pompes analogues. J'avertirai seulement que chaque fois qu'on va s'en servir, il est prudent, en premier lieu, de mettre à revenir pendant quelques instants, dans l'eau, les tampons du corps de pompe, afin s'apercevoir qu'ils sont trop secs ; en second lieu, de faire jouer l'écran qui est au-dessous et dont le but est de varier leur volume de manière qu'ils s'adaptent toujours parfaitement à la paroi interne du cylindre, et avoir soin de nettoyer l'intérieur des cylindres pour éviter l'action du ver de gris. Faute d'avoir pris cette double précaution, on a éprouvé parfois une déperdition d'air qui, bien à tort, a fait accuser la pompe de manquer de puissance.

Quant à l'accoutrement proprement dit, dès qu'on ne s'en sert plus, il faut le retourner et le placer, pour qu'il sèche ainsi retourné, dans un lieu le plus sec possible, soit au grand air, soit dans un magasin, mais prendre bien garde surtout qu'il ne soit pas exposé au soleil.

De temps en temps on le visitera, s'il n'est employé qu'à des intervalles éloignées. Un lavage à l'eau douce, si c'est dans l'eau de mer qu'on s'en est servi, ne peut que lui être profitable. Se déchire-t-il? ce qui ne peut manquer d'arriver quelquefois; en supposant que la déchirure est de petite dimension, — et ce sera le cas de beaucoup le plus fréquent, — voici comment on le raccommode : on applique sur l'endroit déchiré une couche de caoutchouc liquide qu'on laisse sécher pendant une heure; puis une seconde couche, qu'on laisse également sécher pendant une heure; enfin, une troisième couche, qui sèche pendant le même laps de temps. On fait la même chose sur une pièce d'étoffe imperméable de la grandeur voulue. Après la troisième heure destinée à la dessiccation, on applique le côté de la pièce enduit sur la déchirure du vêtement, et on presse fortement le tout jusqu'à ce que l'adhérence soit parfaite. Cet endroit du vêtement est après cela aussi solide que pas une autre.

Puisse la lecture de ces instructions, quelque infaisable que j'aie été à les formuler d'une façon assez claire, non seulement ne pas rebuter les ingénieurs, les capitaines, les maîtres et les ouvriers, mais encore offrir à tous une garantie nouvelle contre les accidents, le mauvais travail et les dépenses infructueuses. Si je n'ose me flatter que c'est mon espérance, je puis affirmer, du moins, que c'est mon souhait le plus sincère.

JOSEPH-MARTIN CABIROL.

NOTES EXPLICATIVES DES GRAVURES.

Six planches lithographiées composent l'Album auquel je joins les présentes notes explicatives.

Ces six planches représentent, avec quelques détails et d'une manière exacte, les principales opérations; les opérations les plus ordinaires, aujourd'hui, du travailleur sous-marin. Je ne doute pas que le plongeur capable d'exécuter tous ces travaux, ne soit parfaitement en mesure de se livrer, sans autres instructions, à tous les autres travaux que les circonstances l'amèneraient d'entreprendre, soit à la mer, soit dans une cale ou sur un quai.

Au chapitre premier de ces instructions, j'ai déjà renvoyé le lecteur aux figures 1 et 3 de la planche I. Ces figures représentent le plongeur revêtu de son accoutrement, vu, dans la première, de face; dans la seconde, de dos. La légende, qui est à la marge, et qui n'est autre chose que la nomenclature complète des différentes pièces composant l'accoutrement, ne laissant rien à désirer pour l'intelligence de cette figure, je n'y reviendrai pas d'avantage ici.

Les planches II, III, IV et V représentent toutes des opérations exécutées à la mer, soit au fond, soit autour de la carène d'un bâtiment à flot.

La première de ces opérations, celle que figure la planche II, a pour objet, soit une reconnaissance pure et simple du fond, soit le relèvement des épaves y gisant. Le graveur a supposé le cas où il s'agirait de recouvrer une ancre dont la chaîne a été cassée; mais il va sans dire, que le travail serait à peu près le même si on avait à repêcher des canons, des boulets, une hélice, un caisson, etc. La manière de saisir chacun de ces objets varierait, évidemment, en raison de leur forme, de leur volume, de leur matière, mais les installations et précautions nécessitées par l'acte de plonger, en lui-même, ne subiraient que d'insignifiantes modifications.

Je me promets d'appeler tout particulièrement l'attention sur la planche III. Elle figure la manière dont il est, à mon avis, le plus convenable d'installer le plongeur dans les cas où il lui faut, après visite préalable, débarrasser une hélice des herbes qu'elle aurait saisies dans son mouvement de rotation ou d'un grelin qui, laissé à la traîne, se serait engagé autour de son axe. Ce dégagement offre des difficultés. Il demande l'emploi de deux types d'instruments très-différents, tous les deux emmanchés d'un long manche, et susceptibles d'être introduits tout autour de l'axe de l'hélice. Le premier est une sorte de pelle très-tranchante, à l'aide de laquelle les herbes ou les cordes peuvent être coupées, hachées même; le second, un crochet ou une gaffe qui servira à retirer, par morceaux, tout ce qui aura été précédemment coupé.

L'opération qui consiste à aveugler une voie d'eau, est également représentée. Le maître calfat et tous les matelots travaillant mieux que moi les instruments et les méthodes de ce travail, je n'en parlerai donc pas. Je ferai remarquer seulement, d'après le dessin, la manière dont je conçois que le plongeur, pour ce cas, doit être descendu sur un siége dont la structure et les moyens de suspension doivent être attentivement combinés.

Du reste, c'est-là un échafaudage très-connu des marins, et dont les avantages m'ont été enseignés par les ingénieurs de la marine. Je ferai remarquer encore que les nettoyages des carènes, calfeutrage des joints entre les bordages, ou raccords des feuilles du doublage, sont des travaux qu'on doit exécuter dans des conditions tout à fait analogues.

En ce qui concerne la planche IV, je prie qu'on veuille bien ne pas condamner, sans examen, la pensée dont elle est la traduction. Je sais les énormes difficultés que présente l'établissement d'un cric sous l'avant ou l'arrière d'un navire échoué; les difficultés provenant du peu de consistance que peut offrir le fond, et du poids énorme de la masse à soulever. Je sais encore que le cric fût-il établi, dans bien des cas, ou peut redouter que son effet ne soit impuissant. Mon intention n'est donc pas d'assurer qu'un navire quelconque, échoué dans n'importe quelles conditions, sera sûrement remis à flot par un ou plusieurs plongeurs. Ce serait compromettre l'autorité de mes observations, que d'attribuer, à l'emploi du Scaphandre, une si prodigieuse efficacité. Mais on ne peut pas ignorer, d'autre part, que dans bien des circonstances, qu'un navire, même considérable, s'échoue de telle sorte qu'un léger effort, sur un point bien choisi, à un moment où le flux vient en aide, suffit pour le faire flotter. On n'ignore pas, non plus, qu'une tentative de cette nature, qui resterait infructueuse s'il s'agissait d'un bâtiment de fort tonnage, est, au contraire, susceptible d'un excellent résultat, quand la coque échouée sera légère, comme celle, par exemple, d'un grand canot ou d'une chaloupe de vaisseau, si surtout l'échouage a eu lieu dans un berceau régulier, entre deux points de roches sans vase. Voilà les cas que j'ai eu en vue. Et, je ne crains pas de l'affirmer, si l'on ne se prête aux indications de la planche IV que cette portée raisonnable, on conviendra que je ne suis pas sorti du domaine des réalités, ou du moins des choses réalisables.

La planche V offre un type des grandes pêches du corail, de l'éponge, des perles. Elle n'a pas besoin et ne comporte pas de commentaires. Il est évident que tous les relèvements d'épaves peu volumineuses et dispersées sur le fond, dans les cas, par exemple, où à l'aide de la mine, on aurait fait sauter en éclats une coque submergée; il est évident, dis-je, que tous ces relèvements d'épaves sont une véritable pêche.

La dernière planche, celle qui porte le numéro VI, et qui représente le travail sous-marin d'une fondation hydraulique, n'a pas besoin non plus d'être expliqué. Les ingénieurs, qui président toujours à ces importantes opérations, varieront, mieux que je ne saurais le prévoir, en raison des circonstances différentes, le nombre et les installations des plongeurs.

En somme, je le répète, les six dessins constituent un ensemble véritablement complet, eu égard à l'état actuel des industries sous-marines. Aucun ne m'a paru pouvoir être supprimé, et tous ceux que j'aurais ajoutés, m'auraient semblé faire double emploi.

J. M. C.

Paris.—Imprimerie d'Aubusson et Kugelmann, rue de la Grange-Batelière, 13.

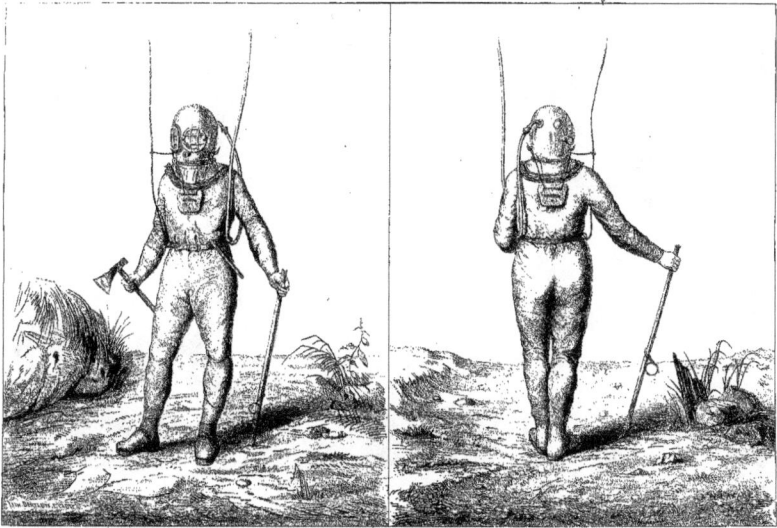

PLONGEUR HABILLÉ.
1. Vue de l'appareil par devant. —— 2. Vue de l'appareil par derrière.

Pl. II.

Reconnaissance de fond. — Relèvement d'épaves.

Pl. III

Visite et dégagement d'une hélice.
Reconnaissance et aveuglement d'une voie d'eau.

Pl. IV.

Mise à flot d'un bâtiment échoué.

Pl. V

Pêches du Corail et des Eponges.

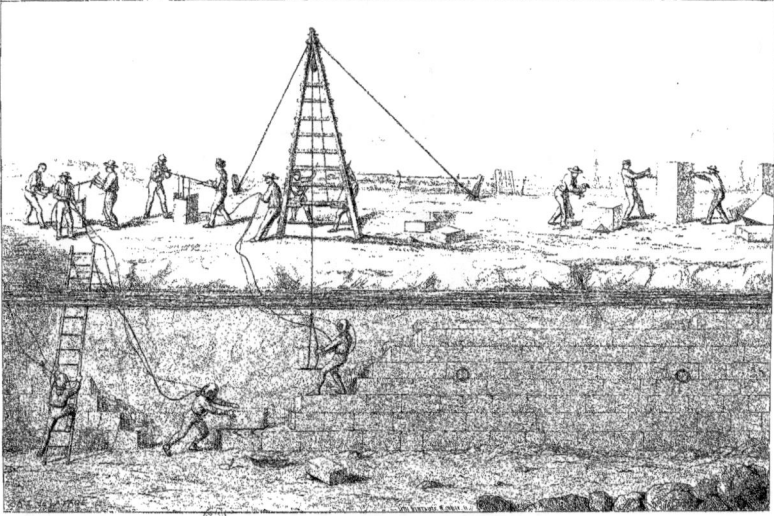

Constructions Sous-marines.

www.ingramcontent.com/pod-product-compliance
Lightning Source LLC
Chambersburg PA
CBHW060816280326
41934CB00010B/2718